AF509246

INSTRVCTION
POVR COMPRENDRE EN BREF
LES PRECEPTES ET FONDEMENS
DE LA MVSIQVE.

TROISIESME EDITION.

A PARIS,

Par ROBERT BALLARD, seul Imprimeur du Roy pour la Musique, demeurant
ruë S. Iean de Beauuais, à l'Enseigne du Mont Parnasse.

1666.

Auec Priuilege de sa Majesté.

ADVERTISSEMENT

AV LECTEVR.

Es preceptes & enseignemens de Musique donnez cy-apres, Amy Lecteur, pourront aucunement suffire à ceux qui voudront apprendre seulement à chanter leur partie, sans qu'ils se trauaillent beaucoup à comprendre plusieurs autres regles qu'on eust peu dresser pour cet effet, lesquelles consistent plus en Theorique qu'en pratique. Mais pource qu'ordinairement on s'arreste plus à pratiquer la Musique de viue voix, que d'en deuiser ny disputer par Theorique, (laquelle est reseruée pour les Cōpositeurs ou autres qui en desirent auoir la connoissance.) Ie me suis estudié à brieueté, touchant sommairement les principaux poincts qui concernent à bien chanter, auec telle facilité & intelligence qu'il appartient à vn sujet qui doit estre traicté succinctemēt & familierement. Le tout, non pour enseigner les doctes & experimentez en la Musique: mais pour dresser ceux qui desirent apprendre cet Art, & les y cōduire comme par la main, afin qu'en peu de temps ils y puissent profiter, moyennant l'exercice, qui est le principal maistre de toutes sciences.

A ij

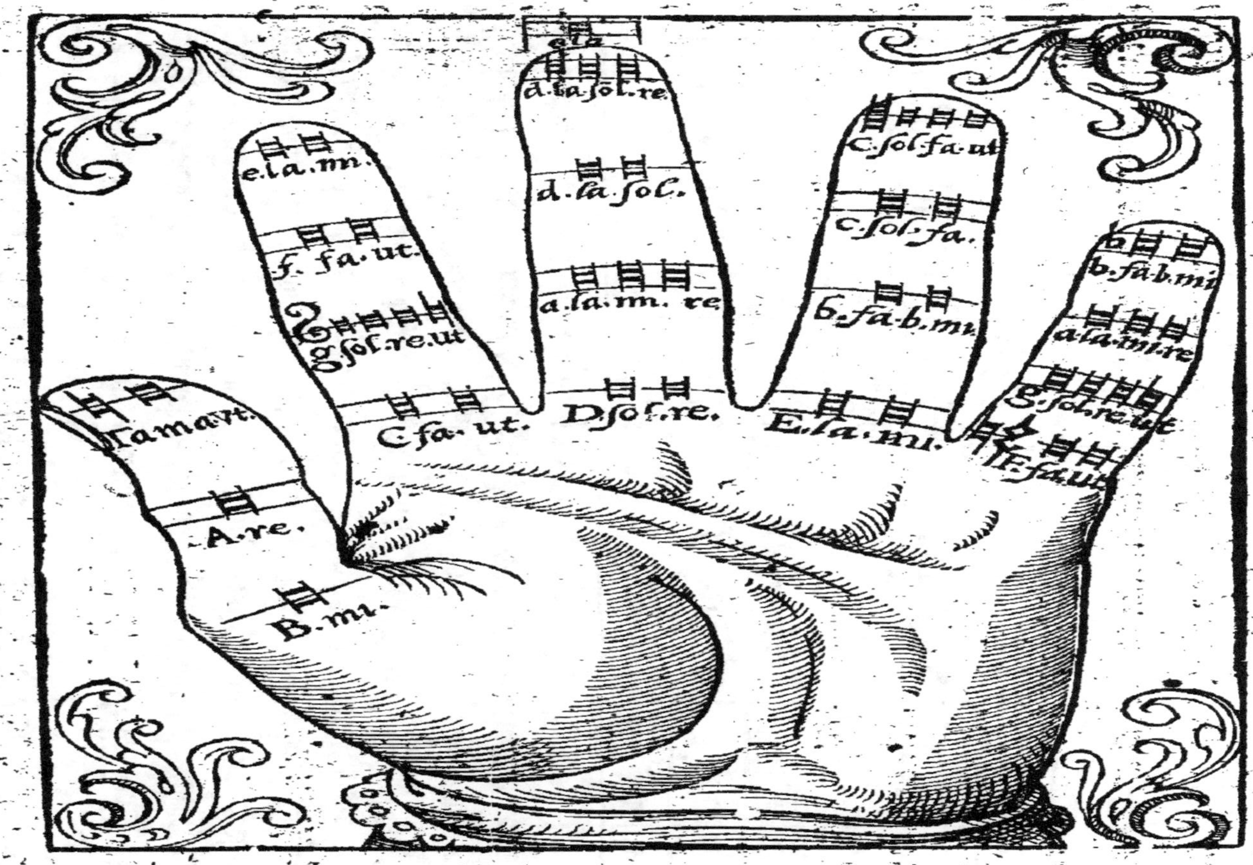

e. la
d. la. fol. re
e. la. m.
f. fa. ut.
g. fol. re. ut
d. la. fol.
c. fol. fa.
a. la. m. re
C. fol. fa. ut
b. fa. b. mi
a. la. mi. re
b. fa. b. mi.
g. fol. re. ut
famavt.
A. re.
B. mi.
C. fa. ut.
D. fol. re.
E. la. mi.
f. fa. ut

MVsique, est vn Art & science, qui enseigne à bien chanter. Elle se diuise en deux parties, desquelles l'vne enseigne à chanter par notes égales, & de pareille valeur, qu'on appelle Plein-Chant. L'autre se chante par diuerses figures, & quantité de notes: & est celle qu'on nomme, Musique figurée.   *Des sept lettres, & six voix de Musique.*   Chap. 2.

POur bien comprendre les fondemens de cet Art, faut sçauoir qu'en la Musique y a sept lettres, qui sont, a, b, ou ♮, c, d, e, f, g: & six voix, qui sont, vt, ré, mi, fa, sol, la; desquelles, lettres & voix a esté composée la Gamme, figurée par les Anciens, tant par la main, que par l'eschelle: laquelle pour brieueté & facilité, les Musiciens modernes ont reduit: Les vns en cette façon: Les autres en la façon qui s'ensuit.

Les vns en cette façon. La Gamme.

Lettre	Nature.	b, mol.	♮ quarre.	Nature.
e			la	mi
d		la	sol	ré
c		sol	fa	vt
b		fa	♮mi	
a	la	mi	ré	
g	sol	ré	vt	
f	fa	vt		

Les autres, à la façon qui s'enfuit. La Gamme.

Lettre	b, mol.	Nature.	♮ quarre.
e		mi	la
d	la	ré	sol
c	sol	vt	fa
b	fa		♮mi
a	mi	la	ré
g	ré	sol	vt
f	vt	fa	

INSTRVCTION

CEtte briefue maniere d'enseigner, n'a esté suiuie qu'à bonne raison: car la façon des Anciens d'enseigner tant par la main que par l'échelle, n'est qu'vne repetition ennuieuse
de ce qui est contenu en cette façon des modernes. Que si on trouue quelques notes plus
hautes ou plus basses que le contenu en icelle, il sera facile de recommencer d'vn bout à
l'autre, comme pour monter plus haut que, E la, mi, on reprendra, F fa, vt, qui est au dessus:
& pour descendre plus bas que, F fa, vt, faudra reprendre, E la, mi, qui est au dessous,
suiuant en ce l'ordre naturel des lettres qui est tel, qu'apres, a, b, c, d, e, viennent; f, g,
& au contraire apres, g, f, les proferant au rebours viennent, e, d, c, b, a.

Des trois Vt, de la Gamme.   Chap. 3.

POur auoir plus particuliere intelligence de la Gamme cy-dessus escrite, faut noter qu'en
icelle y a seulement trois Vt, differens l'vn de l'autre, qu'on appelle deductions, Le
premier est de b mol, assis en, F fa, vt. Le second de b quarre, assis en G sol, ré, vt. Le troisiesme
de nature, assis en C sol, fa, vt. Chacun desquels Vt, a cinq voix en gouuernement, comme
dependantes de luy: à sçauoir, la, sol, fa, mi, ré: de sorte que toutes les voix descendantes sur
l'vt, de F fa, vt, se chante par b mol: sur l'vt, de G, sol, ré, vt; par b quarre: & sur l'vt, de C sol,
fa, vt, par nature.

EXEMPLE.

POur sçauoir parquoy se chante le la, de D la, sol, ré, qu'on déconte en descendant depuis
ledit la, iusques à l'vt, disant, la, sol, fa, mi, ré, vt, & on trouuera qu'il tombe sur l'vt de
F fa, vt, siege de b mol, partant on jugera qu'il se chante par b mol. Pareillement le sol, de
D la, sol, ré, pource qu'il tombe sur l'vt de G sol, ré, vt, siege de b quarre, on dira qu'il se chate
par b quarre, & le ré, de D la, sol, ré, pource qu'il tombe sur l'vt de C sol, fa, vt, siege de

nature, on conclura qu'il se chante par nature: Ainsi on pourra dire comme faisoient les Anciens, en D la, sol, ré, y a vne lettre & trois voix, d, est la lettre, la, sol, ré, sont les trois voix: le la, se chante par b mol, au lieu de F fa, vt: le sol, se chante par b quarre, au lieu de G sol, ré, vt, le ré, se chante par nature, au lieu de C sol, fa; vt. Et ainsi faisant des six susdites voix, on trouuera que chacune d'icelles tombera toûjours sur l'vt, de F fa, vt: G sol, ré, vt: ou C sol, fa, vt; & par consequent se chantera par b mol, b quarre, ou nature. Mais quant à l'vt, qui gouuerne les autres cinq voix, & n'est gouuerné d'aucun autre: si on veut sçauoir par quoy il se chante quel qui soit, il ne faut point déconter, parce qu'il ne descend point plus bas : mais faut seulement considerer, si c'est l'vt, de F fa, vt: car il se chantera par b mol : l'vt, de G sol, ré, vt, par b quarre : ou l'vt, de C sol, fa, vt, par nature : & toûjours au lieu de soy-mesme.

Des trois Clefs de la Musique.   Chap. 4.

Comme en la Gamme cy-dessus écrite, il n'y a que trois vt differens, aussi n'y a-il que trois clefs differentes l'vne de l'autre, dependantes desdits trois vt : à sçauoir, la clef de b mol, toûjours assise en, F fa vt, laquelle sert à la partie de la Basse-contre seulement, figurée comme on verra en l'exemple suiuant à la lettre (a) & quelque fois aussi (b.) La clef de b quarre toûjours assise en G sol, ré, vt, qui sert à la partie du Dessus seulemét, figurée ainsi (c.) La Clef de nature toûjours assise en C sol, fa, vt, laquelle sert toûjours aux parties de la Haute-contre, & de la Taille, & quelque-fois aux parties du Dessus & de la Basse-contre, ainsi figurée (d.) Entre lesquelles clefs y a vne quinte de l'vne à l'autre; c'est à dire, que la clef de B quarre est d'vne quinte plus haute que celle de Nature, & celle de Nature plus haute d'vne quinte que celle de B mol.

INSTRVCTION

E X E M P L E.

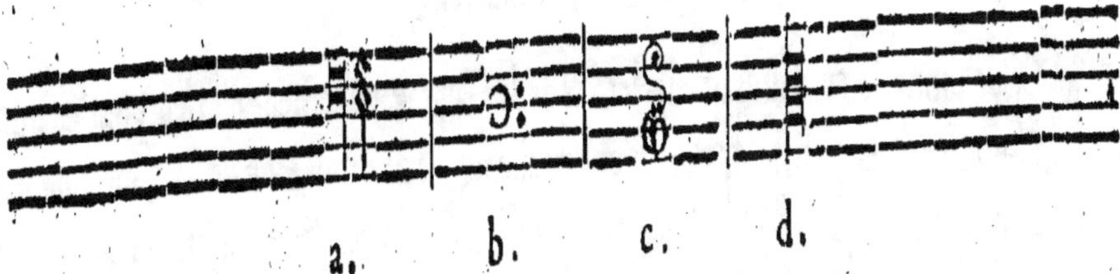

Pour apprendre à déconter.   Chap. 5.

CEs trois clefs qui sont toûjours assises sur les reigles, & non jamais en espaces, ne seruent de rien pour chanter, sinon que par icelles on peut auoir la connoissance des notes, qui sont plus hautes ou plus basses qu'elles ne sont. Pour exemple, si on veut sçauoir en quoy sera quelque note figurée & mise apres l'vne desdites clefs, il faut conter en montant, ou en descendant depuis la ligne ou est assise la clef, il faut conter à ladite note, suiuant la Gamme, & on connoistra l'assiette de ladite note.

E X E M P L E.

POur sçauoir en quoy est la premiere des trois notes de l'exemple cy-dessus, il faut conter en montant, tant és lignes, qu'és espaces, depuis l'assiette de la clef, qui est, C sol, fa, vt, jusques à ladite note, & trouuerez qu'elle est en E la, mi, & la seconde en G sol, ré, vt. La troisiesme pource qu'elle est en mesme ligne que la clef, on dira qu'elle est en C sol, fa, vt.

Du

Des signes de b mol, ♭, & b quarre. ♮   Chap. 6.

NOus auons dit cy-deſſus que les lettres de la Gamme ne ſeruent de rien pour chanter, ſinon les deux de B fa, ♮ mi, qu'on appelle ſignes de b mol, & b quarre, ainſi figurez, ♭, & ♮, pour leſquels faut diligemment conſiderer les reigles qui s'enſuiuent.

<h3 style="text-align:center">REIGLE I.</h3>

TOutefois & quantes que le ſigne de b mol, ♭ eſt marqué en B fa, ♮ mi, incontinent apres la Clef, toute la Muſique ſuiuante ſe doit chanter par b mol, & par nature, l'vne apres l'autre, & non jamais par b quarre, & par ainſi faut chanter, fa en B fa, ♮ mi, comme il appert par l'exemple ſuiuante à la lettre. (a)

<h3 style="text-align:center">EXEMPLE.</h3>

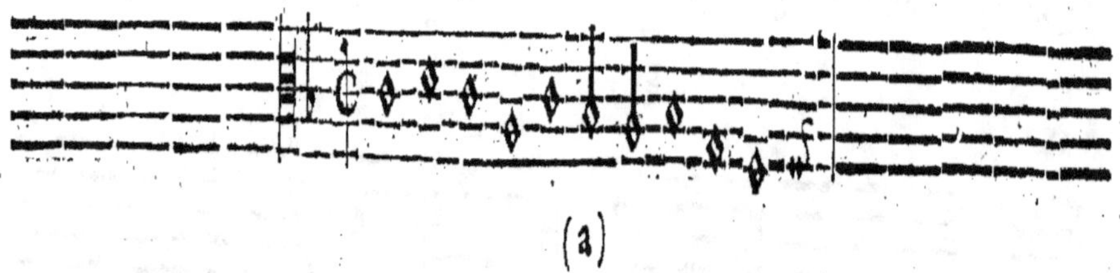

(a)

<h3 style="text-align:center">REIGLE 2.</h3>

QVand le ſigne de b mol, ♭, n'eſt point marqué en B fa, ♮ mi, incontinent apres la Clef, toute la Muſique ſuiuante ſe doit chanter par b quarre, & par nature, l'vn apres l'autre, & non jamais par b mol, combien que le ſigne de b quarre, ♮, n'y ſoit point marqué. Il ſuffit que le ſigne de b mol, ♭, n'y eſt point marqué, & faut alors toûjours chanter mi en B fa, ♮ mi. (b)

INSTRVCTION

EXEMPLE.

(b)

REIGLE. 3.

Qvand le signe de b mol, ♭, est marqué en quelque endroit au milieu de la Musique, soit en ligne ou en espace, il nous signifie que la prochaine, ou les prochaines notes suiuantes immediatement se chanteront fa, & ne sert ledit ♭, que pour ladite note ou notes suiuantes. (c)

EXEMPLE.

(c)

REIGLE. 4.

Qvand le signe de b quarre ♮ ou diesis ainsi figuré ✕ est marqué en quelque endroit de la Musique, alors faut dire à la prochaine note suiuante, mi, ou bien la chanter au ton dudit mi, (d) (e) & faut noter qu'entre les six voix de Musique, vt, ré, mi, fa, sol, la, il y a de l'vne à l'autre, vn ton entier, sinon entre mi, & fa, en montant, & fa, & mi en descendant, entre lesquelles n'y a que semy-ton.

EXEMPLE.

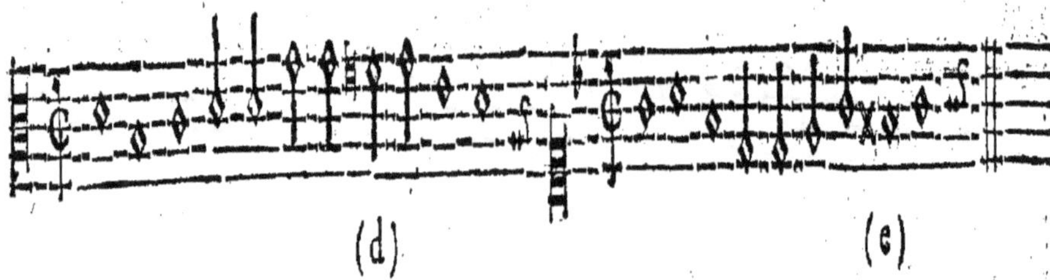

(d)   (e)

Insi donc, le signe de, b mol, ♭, estant marqué en B fa, ♮ mi, on y doit chanter, fa, pareillement n'y estant point marqué, mi, par ce moyen on peut dire aisément les notes de quelque Musique que ce soit, pourueu qu'elles ne passent le la, au dessus de l'vt, au dessous dudit B fa, ♮ mi, comme quand le signe de b mol, est marqué en B fa, ♮ mi, on dira fa, sol, la, pour monter, & fa, mi, ré, vt, pour descendre. (a) Semblablement quand il n'y est point marqué, on dira en B fa, ♮ mi, mi, fa, sol, la, pour monter, & mi, ré, vt, pour descendre, (b) Que si la Musique monte plus haut que le la, ou descend plus bas que l'vt, alors faudra vser des muances comme il sera declaré cy-apres.

EXEMPLE.

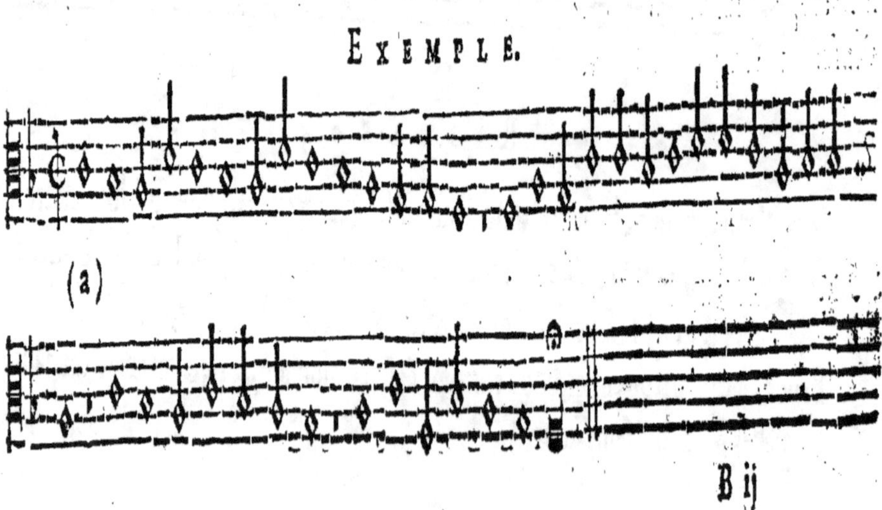

(a)

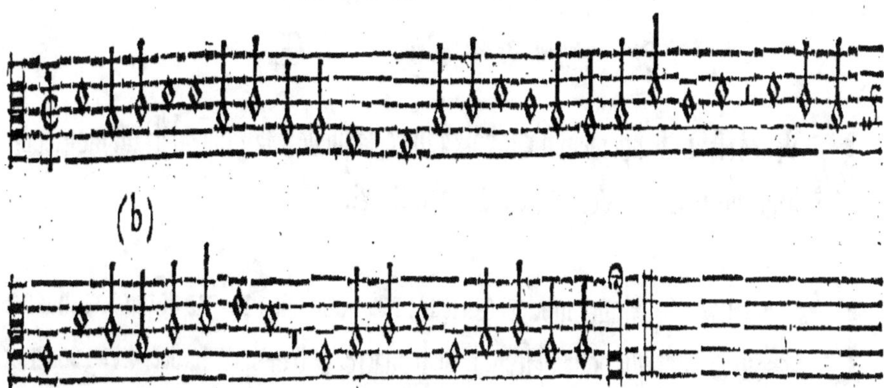

(b)

ET pourceque bien fouuent tant par b mol, que par b quarre, nous auons en vn mefme lieu deux notes propres à chanter, comme le la, & le ré, en D la, fol, ré, quand le b mol, eft marqué, à fçauoir le la, par b mol, & le ré, par nature. Semblablement quand le b mol, n'eft point marqué, nous auons le fol, & le ré, à fçauoir fol, par b quarre, & le ré, par nature, faut entendre que des fix voix, vt, ré, mi, fa, fol, la, les trois premieres vt, ré, mi, feruent à monter, les trois autres fa, fol, la, feruent à defcendre: de forte qu'en D la, fol, ré, le b, eftant marqué, vous deuez prendre ré, pour monter, (a) & la pour defcendre, (b) comme auffi le b mol n'eftant point marqué, on doit prendre ré, pour monter, (c) & la, pour defcendre. (d) Ce qui s'enfuit, fe fera par le moyen des muances, comma il verra au Chapitre fuiuant.

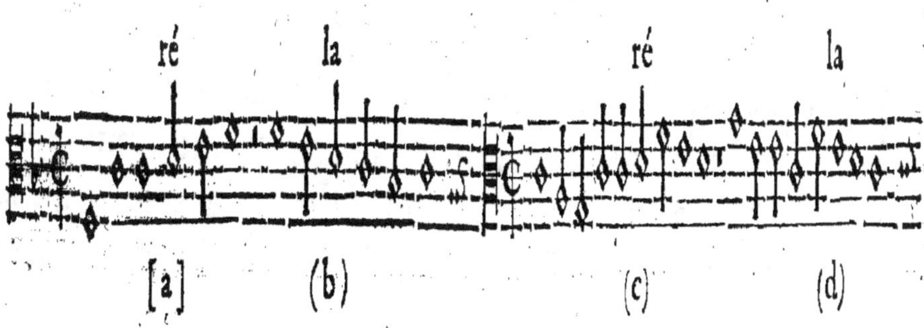

[a]   (b)   (c)   (d)

Des muances de Musique. Chap. 7.

MVance est vn changement d'vne voix à autre, laquelle se fait quand il faut monter plus haut que le la, ou descendre plus bas que l'vt.

LEs Anciens, & quelques modernes à leur imitation, ont enseigné de faire les muances tant pour monter que pour descendre de b quarre, & b mol, en nature. Et au contraire de nature en b mol, & b quarre. Mais pource que les voix de nature se conjoignent auec celles de b mol, & de b quarre, [separement toutesfois] il nous a semblé bon d'enseigner seulement de quelle muance on doit vser tant par b mol, que par b quarre; c'est à dire, quand le signe de b mol, est marqué, ou quand il ne l'est point. Car aussi, tel fait bien souuent & à propos les muances de b mol, en nature, & de nature, en b quarre, qui ne sçauroit promptement juger si les voix sont de b mol, b quarre, ou nature.

REIGLE I.

TOute muance pour monter, soit par b mol, ou par b quarre, se fait changeant le la, ou le sol, en ré.

REIGLE 2.

TOutes muances pour descendre, soit par b mol ou par b quarre, se fait changeant le mi, ou le ré, en la: de façon que quand le la se change en ré pour monter, alors au mesme degré, le ré se change en la pour descendre. Et quand le sol se change en ré pour monter, alors au prochain degré au dessus le mi se change en la pour descendre: tellement que quand on

INSTRVCTION

dit fa, fol, ré, en montant, il faut dire, fa, mi, la, en defcendant, & quand on dit fa, ré, en montant il faut dire, fa, la, en defcendant, comme on verra par les exemples que nous mettrons cy-apres.

Des muances de b mol.

POur plus grande & facile intelligence du nombre des muances, & du lieu auquel il eft requis de les faire, foit en montant ou defcendant, tant par b mol, que par b quarre, faut noter, qu'il y a deux muances en b mol, l'vne, en D la, fol, ré, tant pour monter que pour defcendre. Pour monter faut changer le la, en ré, comme on verra en l'exemple fuiuant la lettre. (a) Et pour defcendre faut changer le ré, en la. (b)

EXEMPLE.

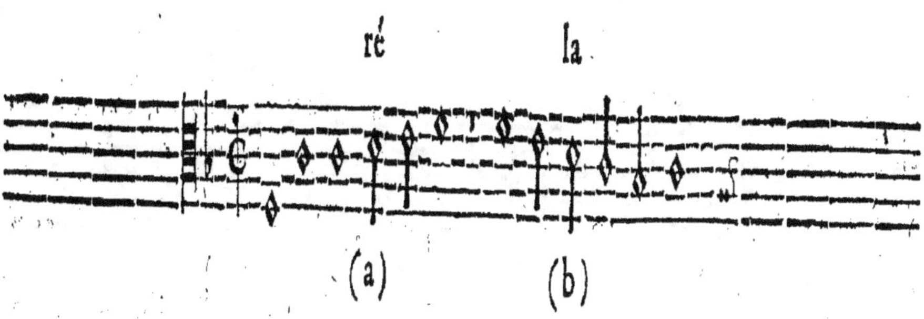

L'Autre en G fol, ré, vt, pour mõter, changeant le fol, en ré, (c) & pour defcendre en A la, mi, ré, changeant le mi, en la. (d)

EXEMPLE.

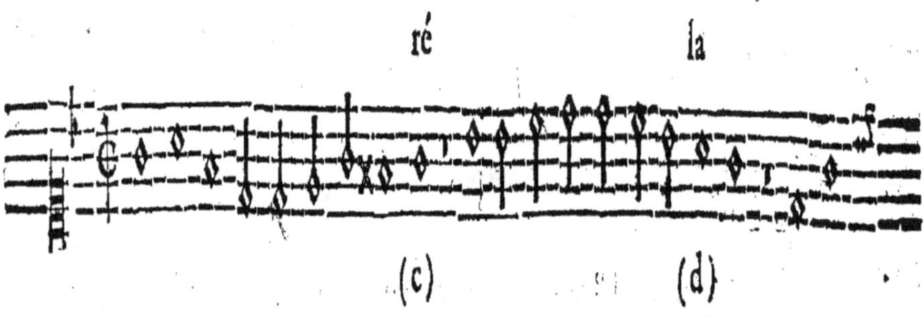

Des muances de b quarre.

IL y a aussi deux muances en b quarre. L'vne en A la, mi, ré, tant pour monter que pour descendre. Pour monter, le la, se changera en ré, (e) & pour descendre, le ré en la. (f)

EXEMPLE,

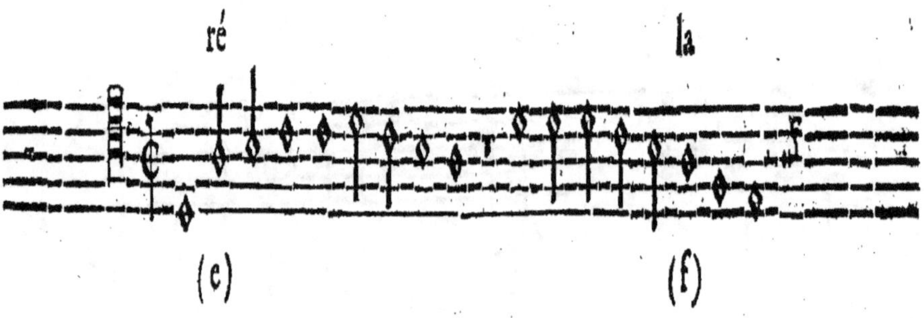

L'Autre en D la, sol, ré, pour monter, faut changer le sol en, ré. (g) Et pour descendre en E la, mi, on changera le mi, en la. (h)

EXEMPLE.

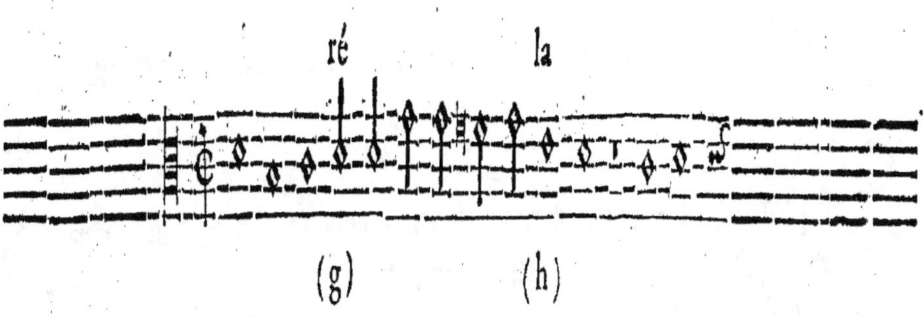

Des signes du Mineur imparfait.   Chap. 8.

POurce qu'en la Musique figurée, y a plusieurs sortes de notes, & pauses differentes de valeur, selon les signes mis au commencement de la Musique, entre lesquels le plus souuent, se trouuent ceux du Mineur imparfait, nous auons aduisé, premier que de traiter desdites notes & pauses, de dire vn mot icy, comme en passant, desdits signes du Mineur imparfait, remettant à parler des autres signes en lieu plus propre & conuenable.

Les signes du Mineur imparfait qu'on appelle Nombre binaire, ou de deux, ainsi figurez, ——— ou ainsi, ——— nous enseignent que la Musique suiuante se doit chanter ⊆ par me-sure esgale, tant au toucher qu'au leuer, laquelle mesure ancien-nement estoit de la valeur de deux semibreues, & maintenant d'vne seule, touchant sur vne moitié d'icelle, & leuant sur l'autre. Et se commence toute Musique par toucher, & s'acheue par leuer.

De la valeur, noms, & figures des notes de Musique, en Mineur imparfait. Chap. 9.

Il y a huict notes en la Musique, desquelles la valeur en prolation de Mineur imparfait est telle.

LA premiere note s'appelle maxime, laquelle vaut huict mesures, ou semibreues, c'est à dire, qu'il faut sur icelle toucher, & leuer huict fois esgalement : comme on verra en l'exemple suiuant à la lettre. (a)

La seconde s'appelle longue, qui vaut quatre mesures, ainsi figurée. (b)

La troisiesme, breue qui vaut deux mesures, ainsi figurée. (c)

La quatriesme, semibreue, qui vaut vne mesure, ainsi figurée. (d)

La cinquiesme, blanche, qui vaut la moitié d'vne mesure, c'est à dire, qu'il en faut deux telles pour faire vne mesure, ainsi figurée. (e)

La sixiesme, noire qui vaut la quatriesme partie d'vne mesure ainsi figurée. (f)

La septiesme, crochuë, qui vaut la huictiesme partie d'vne mesure, ainsi figurée. (g)

La huictiesme, fredon, qui vaut la seiziesme partie d'vne mesure, ainsi figurée, (h) comme on pourra voir cy-apres en son exemple.

De la valeur, noms, & figures, des six pauses de Musique, en Mineur imparfait. Chap. 10.

DEs susdites huict notes de Musique, il y en a six qui ont chacune vne pause de pareille valeur en signe de Mineur imparfait, c'est à dire que pour chacune d'icelles pauses faut faire silence, par autant de temps que chante sa note de pareille valeur.

INSTRVCTION

EN prolation donc de Mineur imparfait, chacun baſton touchant à trois lignes de Muſique ſeulement, vaut quatre meſures, & s'appelle quatre pauſes, ainſi figurées: comme on pourra voir à l'exemple ſuiuant au chiffre. [1]

Chacun baſton touchant à deux lignes de Muſique ſeulement, vaut deux meſures, & s'appelle deux pauſes, ainſi figurées. [2]

Chacun baſton touchant à vne ligne de Muſique ſeulement, tendant en bas, vaut vne meſure, & s'appelle vne pauſe, ainſi figurée. [3]

Chacun baſton touchant à vne ligne de Muſique ſeulement, tendant en haut, vaut la moitié d'vne meſure, & s'appelle ſoupir, ainſi figuré. [4]

Chacun baſton touchant à vne ligne de Muſique ſeulement, tendant en haut, & ayant vn crochet par haut, vaut vn quart de meſure, & s'appelle demy ſoupir, ainſi figuré. [5]

Chacun baſton touchant à vne ligne de Muſique ſeulement ayant le crochet par bas, vaut vne huictieſme partie d'vne meſure; & s'appelle quart de ſoupir, ainſi figuré. [6]

EXEMPLE.

De la valeur des note noires en Mineur imparfait.

EN prolation de Mineur imparfait, quand la breue est noire, elle perd la quatriesme partie de sa valeur, (a) comme aussi fait la semibreue, (b) sinon quand elle est immediatement apres vne breue noire: car alors elle perd la moitié de sa valeur. (c) Et quand la breue est à demy noire, elle perd la huictiesme partie de sa valeur, qui est vne noire, (d) comme aussi la longue à demy noire, perd la huictiesme partie de sa valeur, qui est vne blanche. (e)

EXEMPLE.

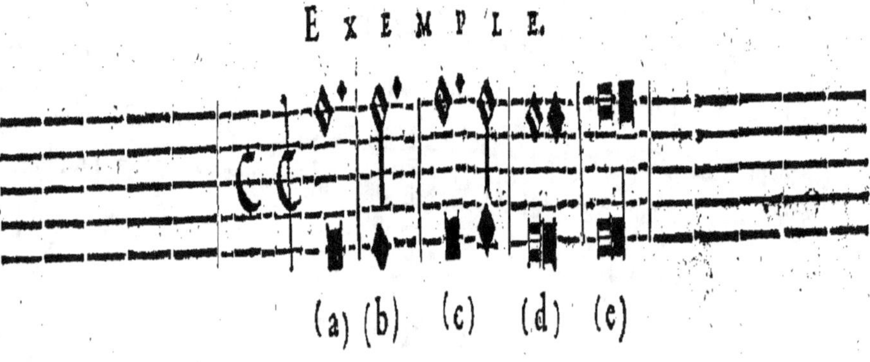

Des poincts de Musique. Chap. II.

IL y a deux sortes de points en Musique figurée, l'vn qu'on appelle point d'augmentation d'autant qu'il augmente sa note precedente de la moitié de sa valeur, de façon que s'il est mis apres vne maxime, qui ne vaut que huict mesures en prolation de Mineur imparfait, il la fait valoir douze. (a) S'il est mis apres la longue, il la fait valoir six. (b) Apres la breue, trois. (c) Apres la semibreue, vne mesures & demie (d) & ainsi consequemment des autres notes. L'autre point de Musique, est celuy qu'on appelle point de diuission, ou alteration, duquel

INSTRVCTION

nous parlerons en traictant du Mineur parfait, à raison qu'il ne se met qu'en Musique de nombre ternaire.

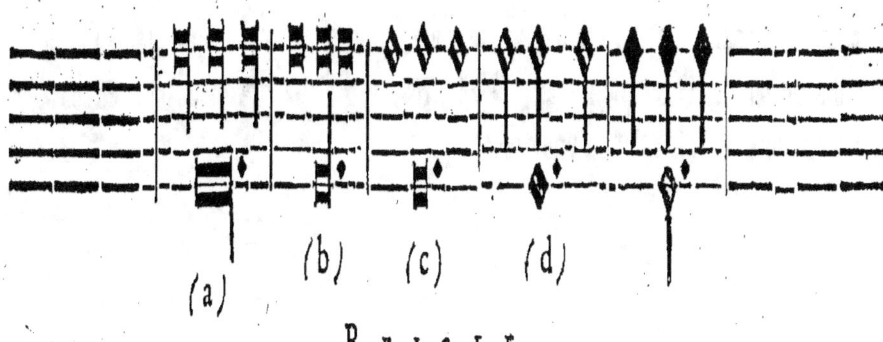

TOute note peut auoir la queuë en haut ou en bas, sans accroissement, ne diminution de sa valeur, sinon quand elle est liée, & conjoincte auec autres.

Des ligatures des notes.   Chap. 12.

DEs huict sortes de notes de Musique, les quatres premieres, à sçauoir la maxime, longue, breue, & semibreue, se peuuent lier ensemble, pour la connoissance desquelles faut diligemment obseruer quelle est la figure, la queuë, & lieu d'icelles. Car aucunes sont en forme quarrée, les autres en forme oblique, aucunes ont queuë, les autres non, & de celles qui ont queuë, aucunes les ont au costé droit, & les autres au costé gauche, tendant quelquefois en haut, quelque-fois en bas. D'auantage, aucunes des susdites notes sont en premier, aucunes en dernier lieu, & les autres au milieu.

Des premieres notes liées.

REIGLE I.

Toute premiere note liée, soit en forme quarrée, ou oblique, ayant queuë au cofté gau-che, tendant en haut, eft de la valeur d'vne femibreue, auec fa prochaine fuiuante, comme on verra en l'exemple fuiuant, à la lettre. (a) Et quand la queuë tend en bas, la premiere note eft de la valeur d'vne breue. (b)

REIGLE 2.

Toute premiere note liée foit quarrée ou oblique ayant queuë au cofté droit, tendant en haut, ou en bas, eft de la valeur d'vne longue. (c)

REIGLE 3.

Toute premiere note oblique ou quarrée, n'ayant point de queuë, de laquelle la pro-chaine note fuiuante monte, vaut deux mefures. (d)

REIGLE 4.

SI la prochaine note fuiuante defcend, ladite premiere note, vaut quatre mefure. (e)

INSTRVCTION

EXEMPLE

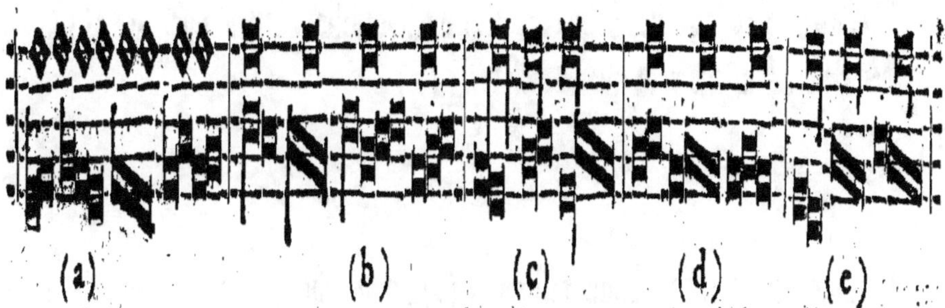

Des notes liées assises au milieu.

REIGLE.

TOute note du milieu, c'est à dire, qui est entre la premiere & la derniere, est breue, (f) sinon celle qui suit immediatement la premiere semibreue, laquelle est aussi semibreue. (g)

EXEMPLE,

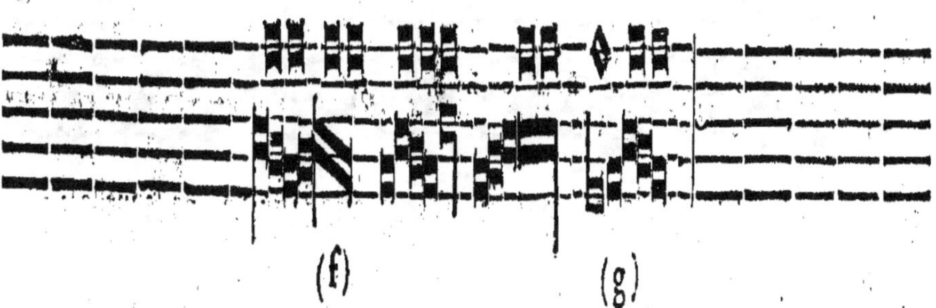

Des dernieres notes liées.

REIGLE. I.

TOute derniere note liée quarrée, ayant queuë, tendante en haut ou en bas, soit en montant ou descendant, vaut quatre mesures. (h)

REIGLE 2.

SI elle n'a point de queüe, & que ce soit en montant, elle vaut deux mesures, (i) Si c'est
en descendant elle vaut quatre mesures. (k)

REIGLE 3.

TOute derniere note oblique est breue, (l) Sinon celle qui suit immediatement la premiere semibreue, (m) laquelle aussi est semibreue, & faut noter que les deux extremitez
de toute note oblique, se chantent, & non le milieu, tant longue soit elle. (n)

EXEMPLE.

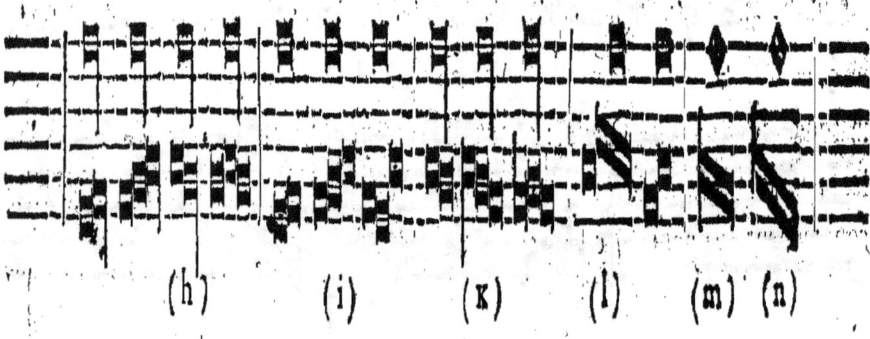

REIGLE 4.

LA maxime ne perd jamais sa forme, & n'augmente ne diminüe en rien de sa valeur
en figature. (o)

INSTRVCTION

EXEMPLE.

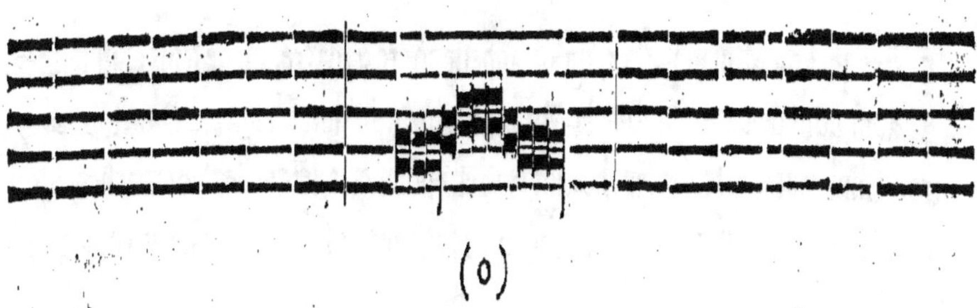

(o)

Des signes de repetition, & de reprise, ensemble du point d'Orgue.   Chap. 13.

LE signe de repetition se trouue peu apres le commencement des chansons, ausquelles y a double lettre, qui signifie qu'il faut commencer à chanter vne autre fois la Musique, depuis le commencement de la chanson jusques audit signe, & est ainsi figuré. [a] Le signe de reprise se trouue ordinairement prés de la fin de la chanson, & signifie que quand on est à la fin de la chanson, il faut reprendre à la note ou pause, sus ou sous laquelle ledit signe est marqué. (b) Le point d'Orgue se met en plusieurs endroits de la Musique, & signifie qu'il faut tenir la note sus ou sous laquelle il est mis, en son ton, jusques à ce que les autres parties conuiennent à la note.   (c)

EXEMPLE.

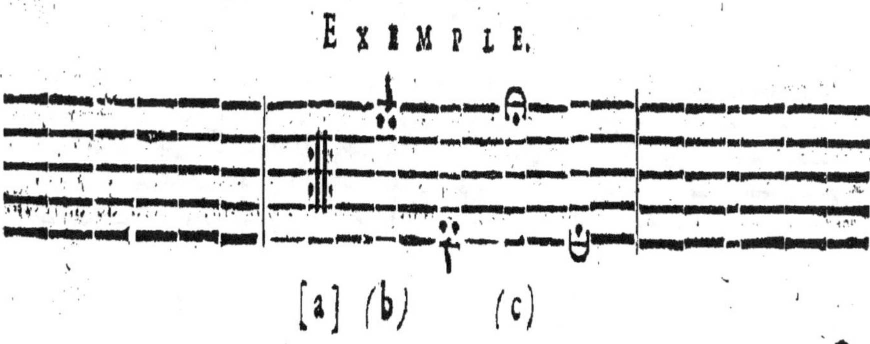

[a] (b)   (c)

Des

Des signes du Mineur parfait.   Chap. 14.

Les signes du Mineur parfait, qu'on appelle nôbre ternayre, ou de trois ainsi figurez, ou ainsi, nous demonstrent que la Musique suiuant, se doit chanter par mesure de trois semibreues, on trois blanches, sur les deux premieres desquelles faut toucher, & leuer la troisiesme, vsans de pareille façon de tous autres signes qui se mesurent par trois.

De la valeur des notes & pauses, en Mineur parfait.   Chap. 15.

Les notes & pauses en Mineur parfait sont semblables en valeur, à celles du Mineur imparfait, sinon que la breue en Mineur parfait vaut trois semibreues, quand elle est immediatement suiuie d'vne autre breue. (a) Sa pause vaut toujours trois semibreues. (b) La longue vaut cinq semibreues. (c) Sinon quand vne longue ou vne breue immediatement la suit: car alors elle vaut six semibreues. (d) (e) Sa pause vaut toujours six semibreues. (f)

EXEMPLE.

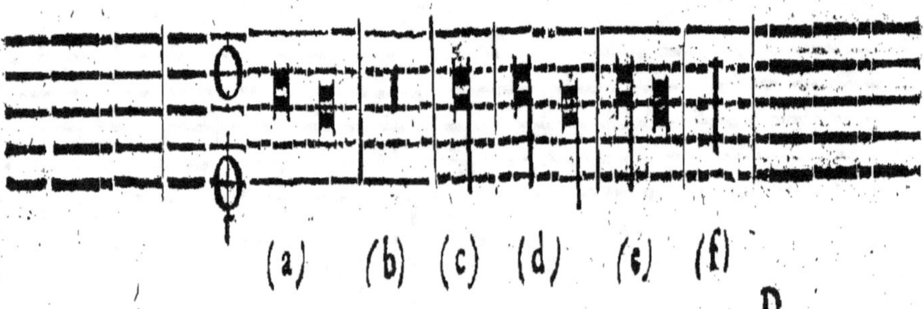

D

INSTRVCTION

Des notes noires, en Mineur Parfait.

EN Mineur parfait les notes noires perdent la troisiesme partie de leur valeur, ainsi la longue, laquelle estant blanche, vaut six semibreues, lors qu'elle est noire, ne vaut que quatre. (a) Pareillement la breue, laquelle estant blanche, vaut trois semibreues, lors qu'elle est noire vaut seulement deux. (b) La semibreue noire perd la tierce partie de sa valeur, quand elle est jointe auec des noires, comme en Mineur imparfait. (c) Quand elle est entre deux breues, elle perd la moitié de sa valeur: car si elle estoit blanche elle seroit alterée, & vaudroit deux semibreues: (d) quelque-fois elle ne perd rien de sa valeur: mais seulement est noircie pour accompagner vne breue qui la suit. (e) Et faut noter que le nombre de trois est tout blanc, ou tout noir, & non jamais blanc & noir ensemble.

EXEMPLE.

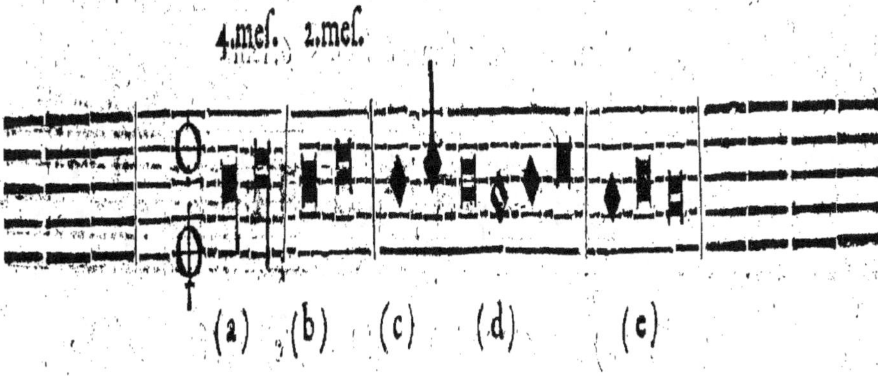

Du point de diuision, ou alteration.

Chapitre 16.

LE point de Musique qu'on appelle point de diuision ou alteration, n'augmente en rien sa note precedente, comme fait le point d'augmentation, duquel a esté parlé cy-deffus, & mesme ne se chante point: mais est ainsi nommé, à cause qu'il diuise & fait alterer certaines notes, comme on verra aux exemples mises cy-apres.

REIGLE.

QVand deux semibreues sont encloses entre deux breues, ou leurs pauses, la seconde est alterée, c'est à dire qu'elle double sa valeur, & vaut deux semibreues, tant en Mineur parfait, qu'en proportion de sesquialtera, quand elle se conte par trois semibreues (a) (b) si le point de diuision n'est marqué entre lesdites deux semibreues par en haut : car ledit point ainsi marqué les diuise, & garde la seconde d'alterer. (c) Pareillemét quand il y a trois semibreues entre deux breues, le point mis entre la premiere & seconde semibreue par en haut, garde la seconde d'alterer: mais il faut alterer la troisiesme. (d) Ledit point de diuision se trouue en tont nombre ternayre, & qui se peut conter par trois, comme en Mineur parfait & sesquialtera, quand la mesure est de la valeur de trois semibreues : Et quand la mesure est de la valeur de trois blanches, ledit point a mesme proprieté enuers les blanches, qu'il a enuers les semibreues en Mineur parfait, Car s'il y a deux blanches r'enfermées de deux semi-breues, ou leurs pauses, la seconde est alterée, (e) (f) si ledit point n'est entre deux pour les

diuiſer. (g) Que s'il y en a trois blanches r'enfermées comme deſſus, il diuiſe les deux premieres, & fait alterer la troiſieſme. (h) Quand vne pauſe de ſemibreue, & vne ſemibreue ſont enfermées de deux breues, ladite ſemibreue eſt alterée. (i) Mais ſi la pauſe eſt
apres la ſemibreue, ladite pauſe n'altere point. (k) Quand deux ſemibreues ſont immediatement apres vne breue, & ſuiuies de deux pauſes de ſemibreues, touchant à vne meſme
reigle, alors la ſeconde ſemibreue eſt alterée, d'autant que leſdites deux pauſes ſont repu-
tées pour vne breue. (l) Mais pour eſuiter l'alteration, faut eſcrire leſdites deux pauſes
ſur deux diuerſes reigles. (m) Quand vne note eſt ſuiuie de la ſemblable, ou autre moin-
dre qu'elle, alors ne peut eſtre alterée. (n) (o) En Muſique de notes noires, il n'y a point
de point de diuiſion, ou alteration. (p)

E X E M P L E.

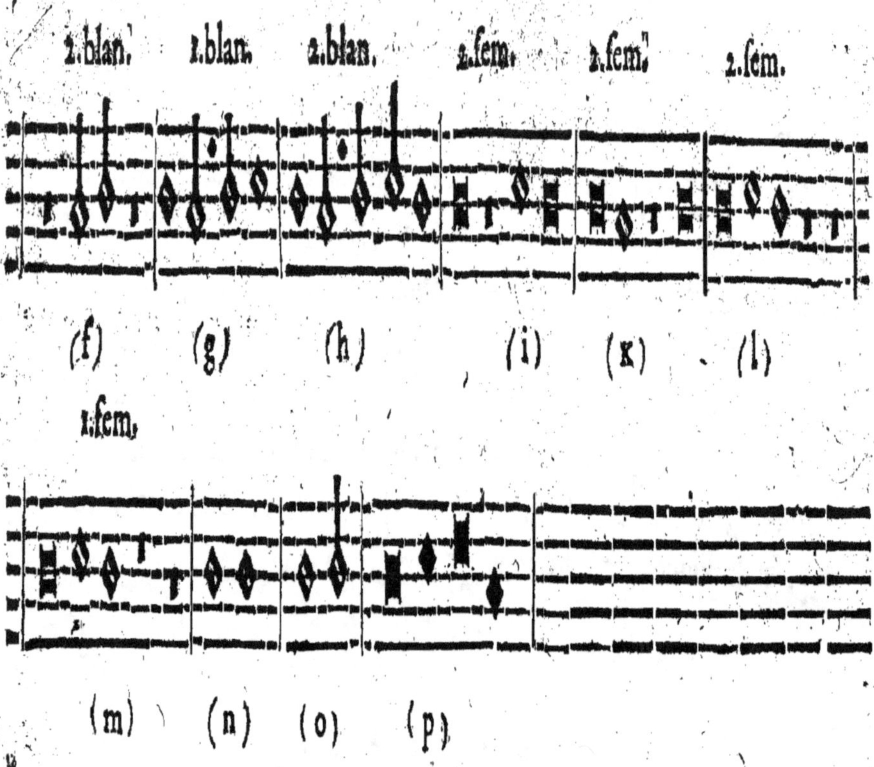

Des proportions de Sesquialtera, & Hemiolia.

Chapitre 17.

EN Musique de Mineur parfait & imparfait, quelque-fois se trouue le signe de sesquialte-ra, appellé par aucuns Tripla ainsi figuré. (3) qui signifie que la Musique suiuante, se conte par trois semibreues, ou trois blanches, lesquelles se doiuent chanter en aussi peu de temps qu'on chanteroit deux semibreues, ou deux blanches, en mesure commune du Mineur imparfait, ledit. (3) n'estant point marqué, & dure ladite Musique jusques à ce qu'on trouue les signes du Mineur parfait, ou imparfait sans ledit (3) Quand la Musique se conte par trois semibreues, la breue est parfaite, & vaut trois semibreues, estant suiuie d'vne autre breue, (a) ou de sa pause, (b) ou autre de plus grand valeur, (c) Et s'alterent les semibreues comme il a esté dit au chapitre precedent. (d) Et la pause de la longue vaut six semibreues. (e) & la pause de la breue trois. (f) Semblablement quand la Musique se conte par trois blanches, la semibreue est parfaite, & vaut trois blanches, estant suiuie d'vne autre semibreue, (g) de sa pause, (h) ou autre de plus grand valeur, (i) & s'alterent les blanches comme font les semibreues, lors qu'on conte la Musique par trois semibreues, (k) La pause de la longue vaut douze blanches, (l) de la breue, six : (m) de la semibreue, trois, (n) Aussi se trouue quelque-fois ledit, (3) sous vne blanche, ou vne noire. Et alors les trois blanches, ou les trois noires, ne font qu'vne mesure, & ne sert ledit, (3) & que pour lesdites trois notes. (o) (p) La Musique faite en proportion d'hemiolia se conte aussi par trois, & se figure par notes noires : mais les breues n'y sont parfaites ny les semibreues alterées. (q)

EXEMPLE.

3.sem.   3.sem.   3.sem.   2.sem.   6.sem.   3.sem.   3.blan.   3.bl.   3.bl.

(a)   (b)   (c)   (d)   (e)   (f)   (g)   (h)   (i)

2.blan. 12.bl. 6.bl. 3.bl.

(l) (m) (n) (o) (p) (p) (q)

FIN.

9 782329 658353